AF283042

¡Sssssshhhhhhhhhh!

Haz del teatro algo íntimo

Llévalo siempre en el bolsillo

Cubierta y diseño editorial: Éride, Diseño Gráfico
Dirección editorial: ángel jiménez

Primera edición: septiembre, 2024

los sombreros olvidados
© Fernando de las Heras
© VdB, 2024
Espronceda, 5
28003 Madrid

VdB®

ISBN: 978-84-19850-73-7
Depósito Legal: M-20756-2024
Diseño y preimpresión: Éride, Diseño Gráfico

 Este libro protege el entorno

los sombreros olvidados

Fernando de las Heras
(Madrid, 1950)

Miembro de la Academia de Artes Escénicas de España, comienza su contacto con la dramaturgia en 1971, recibiendo clases de José Monleón, Manuel Dicente, Modesto Higueras y Marta Santaolalla. En los años 90 participa como actor, en *Equus* de Peter Shaffer. Ya cerca de cumplir los cincuenta años ingresa como alumno en la RESAD y adquiere la licenciatura del recorrido de Dramaturgia/Dirección. Escribe y dirige para Castilla La Mancha *La azotea de las malvas* y *Cuando el viento no silba*, matriculándose después en la Universidad Complutense de Alcalá de Henares, para hacer el postgrado en Teoría y práctica del teatro español contemporáneo. A comienzo de los años 2.000, escribe y dirige sus propios textos *Sin panorama desde el viaducto*, *Infierno en el espejo* o *El bazar del olvido*. Imparte talleres en la Escuela Julián Besteiro, donde representa *El hombre que no sabía ladrar*. En 2014 escribe *Las flores del rincón*, dirigido por Mariano de Paco con quien repite para la dirección de *La madrugada herida*, que en el 2016 ganará el premio accésit PARABASIS de Extremadura. Escribe y se representa en 2018 *La valija de los pecados*. Posteriormente crea, entre otras, *En la ciudad del reino*, una nueva dramaturgia. El último texto estrenado es el que nos ocupa, *Los sombreros olvidados*. A finales del año 2024 se estrenará su última obra, *El expreso de los Naranjales*.

Fernando de las Heras

los sombreros olvidados

Esta obra se estrenó en la Sala Lola Membrives del Teatro Lara de Madrid el 25 de noviembre de 2022, interpretada por
Roger Álvarez (Don Rosario), Javier Arriero (Dionisio),
Loles León (Voz Taquillera), Millán Salcedo (Voz Funcionario),
Marta Fernández Muro (Voz Paula),
David Hernández Navarro (Voz Niño) y Sixto Cid (Voces plaza de toros)

Dirección: Luis Flor.

Personajes

DIONISIO
DON ROSARIO

Voces:

TAQUILLERA
PAULA
FUNCIONARIO DE PRISIÓN
NIÑO
VOCES PLAZA DE TOROS

Cuadro I.
Preludio de una amistad.

1952. Han pasado veinte años desde que DIO-
NISIO se casó con Margarita y se despidió de
Paula en aquel hotel frente al mar: allí trans-
currió su última noche de soltero. Nuestro pro-
tagonista ha cumplido los cuarenta y siete
años. Lo acompaña DON ROSARIO, unos años
mayor que él.

Son las nueve de la noche de principios de
diciembre, las Navidades están próximas. DON
ROSARIO recibe con todos los parabienes y ce-
remoniales a su nuevo huésped.

DON ROSARIO (*Se le oye desde fuera y van entrando en es-*
cena.) ¡Deme su abrigo, por favor! ¡Qué alegría! Siga por aquí. ¡Qué alegría! No, no, por
aquí. ¡Qué alegría, don Dionisio, qué alegría… (*Enciende la luz.*) … pero qué alegría
me da verle…!

DIONISIO ¡No me diga usted que tengo yo el gusto de
conocerle! ¿Es usted hijo de don Rosario?

DON ROSARIO No, soy su sobrino. Mi tío solo tuvo un hijo,
aquel pobre niño que se cayó en un pozo…
Usted no me conoce, pero mi buen tío, que

en gloria esté, me habló tanto y tan bien de su persona que yo aprendí a quererlo…

DIONISIO ¡No me diga que su tío ya no está entre nosotros…!

DON ROSARIO (*Cogiéndole la maleta a* DIONISIO.) Está con la santísima Virgen.

DIONISIO Su imagen es la del retrato colgado en la entrada del hostal…

DON ROSARIO No, el retrato que hay en la entrada, es de un servidor.

DIONISIO Son ustedes iguales, se parecen tanto…

DON ROSARIO Mi tío Rosario era mi padrino. Por eso llevo yo su nombre.

DIONISIO Si no le es muy doloroso recordarlo, ¿cómo fue?, ¿qué…?

DON ROSARIO Muy doloroso, don Dionisio, muy doloroso…

DIONISIO Entonces no me lo cuente.

DON ROSARIO Que sí, que sí, que se lo cuento, faltaría más. (*Deja la maleta en una silla.*) Ya verá lo que pasó. Pues un día, cuando la guerra, vino un soldado, tocó el timbre, mi tío Rosario abrió la puerta, el soldado hizo ¡pum! Y lo mató…

DIONISIO   (*Muy triste.*) ¡Qué vida! La gente hace ¡pum! y te mata… (*Intentado cambiar de conversación.*) ¡Pero si sigue habiendo un teléfono en la habitación!

DON ROSARIO (*Muy triste.*) Así es, don Dionisio, un espanto, la vida es un espanto. (*Cambiando también el tono.*) Y además de teléfono, también tenemos radio.

             (DIONISIO *mira a su alrededor buscando el aparato con la mirada.*)

DIONISIO   (*Demandando tímidamente.*) En la pensión de su tío Rosario…

DON ROSARIO Don Dionisio, no era una pensión, era un hotel.

DIONISIO   Es verdad. En el hotel de su tío Rosario, en Santander, hace veinte años, la radio estaba en la habitación.

DON ROSARIO Bueno, ahora, aquí, en Madrid, la radio, como puede usted comprobar, no está exactamente en la habitación… Pero está en el pasillo, muy cerca de su puerta. Usted la entreabre, y la escuchará de maravilla. Yo mismo la encenderé y sintonizaré Radio Nacional para que usted pueda escuchar las noticias del parte hablado. Y como después emiten unas novelas que son muy bonitas, no va a tener usted tiempo de aburrirse.

Podemos oírlas juntos… Ya ve, yo desde que oigo la radio, apenas voy al cine. La última vez creo que fue para ver una de la Ingrid Bergman y Gregory Peck: *Recuerda*, si mal no recuerdo.

(DIONISIO *echa un vistazo, compara la actual estancia con el antiguo hotel de otra época, de otro tiempo, de otro lugar. A pesar de que el pequeño negocio hostelero se encontraba cerca del Cantábrico y de que la presente esté ahora en Madrid, el espacio es casi exacto.* DIONISIO, *a pesar de su timidez, se mueve con familiaridad, comprobando el mecanismo de los armarios y de las cómodas… Lo más probable es que busque entre los huecos de los muebles algún recuerdo que lo trasporte hasta 1932…*)

DIONISIO   ¡Oh, qué lujo! Bueno, y el teléfono es mucho más moderno… ¿Podría usarlo mañana?, es para llamar aquí, a Madrid, luego le abono la llamada.

DON ROSARIO   (*Quitándole la chaqueta.*) Por dios, don Dionisio, está usted en su casa. Llame todas las veces que necesite, faltaría más. Don Dionisio, otra cosa…

DIONISIO   ¡Dígame!

DON ROSARIO   (*Lo hace sentarse en la cama y le quita los zapatos…*) Estoy aquí para ayudarlo en lo que sea, ¿me entiende?, en lo que sea.

DIONISIO   Muchas gracias, don Rosario.

DON ROSARIO   (*A partir de ahora* DON ROSARIO *le va desvistiendo, como si fuera un niño, y al final de la escena,* DIONISIO *ya estará en pijama.*) Y no va a echar usted en falta ninguna de las comodidades de las que se podían disfrutar en el hotel de mi tío Rosario en Santander. Cuando yo era pequeñito, iba a veranear allí, y me fijaba en todo; en las instalaciones, en las medidas de los espacios, en los lavabos, en las bañeras, y en esa forma tan cariñosa que tenía mi tío de atender a los huéspedes, sobre todo a aquellos en los que especialmente depositaba toda su confianza. ¿Querrá usted luego echarse en la cama un rato para que así le arrope yo con la mantita?

DIONISIO   No, por dios, don Rosario, que ya somos muy mayorcitos los dos…

DON ROSARIO   ¿Y eso qué tiene que ver, don Dionisio? El cariño no entiende de edades. Y después de esta guerra que hemos pasado, necesitamos arroparnos un poco los unos a los otros porque ¡cuántos insultos, cuantas humillaciones y cuántas prepotencias hemos tenido que sufrir!

DIONISIO   Es que las guerras, es lo que tienen, que no solo se benefician las fábricas de armas, sino también las fábricas de producir enemigos…

DON ROSARIO ¿Verdad que sí? Bueno, pues si no me va a permitir que lo arrope un poquito, me dejará, al menos, que le traiga un vaso de leche…

DIONISIO Don Rosario, no se moleste.

DON ROSARIO No es ninguna molestia. Es una leche muy fresca… Y no está bautizada ¿eh? que yo la he traído esta mañana de una vaquería de la calle Hortaleza. Ya me conocen, soy un cliente de confianza. Fíjese si me tienen confianza, que me han servido la leche directamente desde la ubre de la vaca a mi lechera. Y después, con las mismas, la he puesto a hervir, y después, ¡hala! a enfriar en la fresquera, y después, en un ratito, la volveré a calentar y se la va usted a tomar, que para eso es usted un gozoso cliente que he tenido la gran suerte de heredar de mi querido tío Rosario.

DIONISIO ¿Pero por qué todo esto, don Rosario? No hace falta…

DON ROSARIO Por favor, don Dionisio, no me lo desprecie… Hace muchos meses que no viene nadie por el hostal… Usted no sabe lo que yo pasé estas últimas Navidades… Usted no sabe lo que era oír por la radio el sorteo de la lotería mientras me comía un turrón rancio de la Nochebuena anterior. Un turrón, tan rancio, tan rancio, que me provocó una colitis que me hizo sentirme mucho más solo todavía. Y entre espasmo y espasmo, para aliviar mi tristeza, me asomaba al balcón, y les gritaba a los niños: «¡feliz navidad, feliz navidad!» mientras que sus mamás, desconfiadas, les decían: «no contestes, Robertito, no contestes, que será un desaprensivo». Nadie, don Dionisio, nadie. Así que, por favor, no me desprecie ese vaso de leche que me han despachado directamente desde la ubre de la vaca hasta mi lechera.

DIONISIO   ¡Pobre! Merece usted una medalla al mérito hospitalario. Es usted un digno sobrino de su tío... (*Se oye una música cerca.*) ¿De dónde viene esa música?

DON ROSARIO Es de una verbena muy pequeña que han puesto aquí, en la plaza del Carmen. Como otra vez viene la Navidad, han puesto un tenderete y un tío vivo para los niños...

DIONISIO   Don Rosario, con su permiso, me voy a echar un ratito...

DON ROSARIO Pues a descansar...

DIONISIO   (*Antes de salir de escena, lo detiene la demanda de* DIONISIO.) ¡Don Rosario!

DON ROSARIO Sí...

DIONISIO   Muchas gracias, ...

DON ROSARIO   ¿Gracias, por qué?

DIONISIO   Por su hospitalidad, muchas gracias.

DON ROSARIO   (*Llorando de emoción.*) ¡Por favor, don Dionisio, no me diga eso que me emociono mucho y me entran ganas de arroparlo… (*Lo peina.*) ¡A descansar! ¡Ea!... (*Se dirige hacia la puerta y de pronto se gira.*) Pero acuérdese de que luego le voy a traer un vasito de leche, ¿eh? (*Apaga la luz y sale. De pronto se asoma.*) ¡Bien calentita!

(*Y se va, por fin. Se escucha más cercana la música de la verbena.*)

Cuadro II.
La montera del miedo.

> *Dos días después, sobre las doce del mediodía.*
> DIONISIO, *se encuentra en pijama y en bata le-*
> *yendo un libro.* DON ROSARIO, *llama a la puer-*
> *ta de la habitación y entra con una escoba y*
> *un recogedor...*

DON ROSARIO   ¿Da usted su permiso?

DIONISIO   Pase, pase. Por dios, don Rosario, entre, entre, lo único que, discúlpeme por estar vestido con pijama y bata, no me apetecía ves-
tirme... Ya sabe usted, que, en el fondo, soy
un poco bohemio... (DON ROSARIO *se acer-*
ca barriendo con curiosidad disimulada.) Es
un libro sobre los engranajes de los tran-
vías y los trenes.

DON ROSARIO   (*Canturrea para atraer su atención.*) ¿Ha hecho usted esa llamada?

DIONISIO   Pues, todavía no.

DON ROSARIO   Pero hombre, ¿y a qué espera?, hágala.

DIONISIO   Es una llamada… que necesito hacer… para comprar unos sombreros.

DON ROSARIO   Pues llame, llame.

(DON ROSARIO, *se queda en alguna silla sentado, con mucha educación, pero sin otorgar demasiada intimidad a* DIONISIO, *saca unas agujas de una bolsa de labor y se pone a hacer punto.*)

DIONISIO   (*Buscando un papelito en donde tiene apuntado un número.*) Oiga, oiga… ¿Sombrerería Medrano? Buenas tardes. Muchas gracias. Es la calle Imperial, ¿verdad? Enhorabuena, les felicito, me han dicho que hacen ustedes los sombreros más bonitos de España. Pues, verá usted, necesitaría tres sombreros de copa. Sí, sí, son para mí. Sí, son para ponérmelos, pero también tienen que ser muy, muy resistentes, porque he de hacer malabares con ellos… ¡Claro, soy malabarista! A decir verdad, no he actuado mucho. Soy un malabarista principiante, ¡pero necesito tanto actuar…! (*Pausa.*) Ya. Y, ¿cuál sería el precio de los tres? ¿trescientas pesetas? Señor, eso es mucho dinero… No, no, caballero, no se ofenda, no dudo de que resulten baratos, pero no dispongo de esa cantidad… Si no le importa, una mañana paso por su estimada tienda y comprobamos la posibilidad de encontrar unos sombreros más económicos, aunque no sean tan buenos… (DON ROSARIO *se acerca a* DIONISIO *para probarle el largo de la manga que está tejiendo.*) Sí, sí, diga, (*Pausa.*) ¿Que si necesito un hábito de nuestra Señora del Carmen? Pues no sé… Yo creo que ahora no, pero no se preocupe, ya haré alguna promesa invocando a la santísima Señora, y ofreceré, además, una novena, y cuando llegue el momento, gustosamente compraré el hábito. Muchas gracias por ofrecérmelo. Muchas gracias al resto de sus empleados, y cómo no, mis respetos a su familia.

DON ROSARIO   (*Ha dejado la labor en la bolsa y sigue barriendo.*) Mire, no quisiera yo entrometerme en sus asuntos personales, porque no es mi estilo, pero creo recordar que, durante una limpieza general, hace ya unos años, casualmente nos encontramos ¡tres sombreros como los que está usted buscando ahora!

DIONISIO   ¡No me diga! ¡Me haría usted tan, tan feliz…!

DON ROSARIO   Yo creo que los guarde… Piensa, piensa… piensa, Rosario, piensa…

DIONISIO   ¡Debajo de la pila de la cocina!

DON ROSARIO   No, debajo de la pila de la cocina están los jabones fabricados por mí, los hago según la fórmula que aprendí de mi tío Rosario a base sosa cáustica mezclad...

DIONISIO   ¡En el cuarto de baño!

DON ROSARIO   No, ahí sólo tengo un montón de frascos de colonia del año de la pera que ya estarán evaporados... Ya me lo decía mi tío Rosario: Rosarito, hijo, no acumules muchos trastos que luego no tendrás sitio para...

DIONISIO   En el armario de la entrada...

DON ROSARIO   No, en ese armario guardo la capa española de mi tío Rosario, la mantilla española de mi madre, la peineta española de mi vecina doña Paquita Ruiz de las Altas Torres, el abanico, más español todavía, de mi tía Antonia, y el relicario de un novio que tuvo mi abuela, que era torero, y que murió en la plaza.

DIONISIO   ¡Pues en el armario de su habitación!

DON ROSARIO   ... En el armario de mi habitación guardo el cuerno del toro que mató en la plaza al novio torero de mi abuela.

DIONISIO   ¿Entonces dónde cree usted que pueden estar?

DON ROSARIO   Dígame, ¿de qué cosas se acuerda usted...? (*Enigmático.*) Mejor, túmbese...

DIONISIO   Pero...

Don Rosario   Sí, sí, por favor, túmbese que vamos a hacer un experimento. (Dionisio, *estupefacto, se tumba en la cama.*) Mire, yo siempre me he leído todos los periódicos, revistas ¡y hasta libros!, que algunos huéspedes suelen dejarse aquí. Porque aquí, don Dionisio, aquí se aprende de todo, ya me lo decía mi tío. Así que relájese, respire hondo y dígame: ¿qué recuerdos tiene de aquella noche crucial que usted pasó en el hotel de mi tío Rosario, en Santander, y que, inesperadamente, se convirtió en su despedida de soltero?

Dionisio   (*Muy sorprendido.*) ¿Ah, pero al final don Rosario se enteró de todo aquello...?

Don Rosario   Sí, hijo, sí, una camarera se fue de la lengua y lo cascó todo, pero no se preocupe por eso ahora y centrémonos en los sombreros. ¿Qué recuerdos tiene de aquella noche?... Recuerde... don Dionisio... recuerde...

(*Se oye la música de «Recuerda».*)

Dionisio   Yo me iba a casar con Margarita, mi novia de toda la vida, y la noche antes de la boda la pasé en la pensión de su tío Rosario, en Santander...

(*La música se detiene.*)

DON ROSARIO   Don Dioniso, no era una pensión, era un hotel…

DIONISIO   Es verdad, era un hotel… (*Se reanuda la música.*) Aquella noche… aquella noche aparecieron en la habitación unas señoritas que trabajaban en el teatro de variedades…

DON ROSARIO   … Bien, ¿qué más recuerda?

DIONISIO   Pues había un militar con medallas, una señora con barba, un cazador que no sabía cazar pero que traía colgados en su cintura muchos conejos, muchos conejos muertos… También había un señor muy rico que llevaba muchas medias para regalar a las señoritas. ¡Ah! y fue la señorita Paula, tan guapa, la señorita Paula, quien despertó en mí el interés por la prestidigitación. Por eso necesito, urgentemente, esos tres sombreros. Necesito ganarme la vida. Los pocos ahorros que tengo se van menguado cada vez más… Necesito prestidigitar, hacer magia, para que mis escasos ahorros no se esfumen. Necesito hacer algo, me siento, además, tan solo…

DON ROSARIO   Yo también… yo también estoy muy solo, don Dionisio, muy solo… pero la vida es así, y ahora tenemos que esperar. Son tiempos difíciles, ya lo sabe…

(*Le da su pañuelo.*)

DIONISIO

Yo tengo que mantenerme. Necesito pagarle la habitación.

DON ROSARIO

Usted no se preocupe, guarde sus ahorros (DIONISIO *guarda el pañuelo.*) pero deme mi pañuelo… y en cuanto tenga trabajo, ya me abonará lo que deba.

DIONISIO

Es usted muy generoso, don Rosario, pero no puedo aceptarlo.

DON ROSARIO

Le ruego que lo acepte. Donde come uno, comen dos. Usted es una persona educada y nos haremos compañía. Ya le dije el otro día que tengo todas las habitaciones vacías, por eso le he dado la más grande y el balcón que da a la plaza del Carmen. Desde aquí se oye el reloj de la Puerta del Sol.

DIONISIO

Una vez más le doy las gracias, pero por favor, ahora necesito encontrar esos tres sombreros de copa. Y así, en mis horas de asueto, que temo van a ser muchas, al menos voy practicando el oficio…

DON ROSARIO

Seguro que van a aparecer, pero ¿por qué no prueba primero con una montera? Mi abuela me dio una en su lecho de muerte, era la montera de su antiguo novio, el torero aquel que murió en la plaza.

DIONISIO

Pero con una montera no hago nada, necesitaría dos más, y tendré que ir aumentando el número. Los espectadores no se conforman con unos ejercicios simples y fáciles. Si quiero actuar en el circo Price o en un teatro de variedades tengo que ensayar mucho y estar muy entrenado.

DON ROSARIO   Bueno, yo por ahora le voy a dar la montera que tengo en mi cuarto y así, al menos, podrá empezar a ensayar con ella. Ya buscaremos después los sombreros…

DIONISIO   No sé, no sé.

DON ROSARIO   Voy a por ella…

(*Suenan las doce campanadas del reloj de la Puerta del Sol.* DIONISIO *se acerca al balcón para oírlas mejor mientras las cuenta en voz alta.*)

DIONISIO   Una, dos, tres, cuatro, cinco, seis, siete, ocho, nueve, diez y once. (*Suena otra campanada más.*) ¡Las doce de la mañana ya, pensaba que era más pronto! ¡Anda que no pasa el tiempo! Veinte años, veinte años han pasado ya Dionisio, y han pasado tantas cosas… He visto a un rey exiliarse, a una república rota y rotos todos por una guerra. Pero, por otra parte, parece como si no hubiera pasado nada, ¿será por eso que tú sigues en el mismo sitio, Dionisio? Aunque hayas cambiado de ciudad, sigues en la misma habitación de una desvencijada pensión…

DON ROSARIO   (*Entrando, puntualiza honestamente.*) No es una pensión, es un hostal, el Hostal Fuenterrabía…

DIONISIO   (*Sonriendo, apurado.*) Un hostal encantador, por cierto. Y en el que estoy muy amablemente atendido…

DON ROSARIO   (*Sonríe, agradecido.*) Muchas gracias, don Dionisio (*Muy eufórico.*) Aquí traigo la montera, para que se la pruebe.

DIONISIO   Si yo lo que deseo no es probármela, sino lanzarla al aire para recuperar más destreza y reflejos…

DON ROSARIO   Está bien, tenga.

(*Se la entrega en la mano.* DIONISIO, *un poco torpe, no sabe qué hacer con ella.*)

DIONISIO   ¿Y ahora qué hago?

DON ROSARIO   Láncela al aire y juegue con ella…

DIONISIO   ¿No será un poco irrespetuoso? ¿No sé enfadará el difunto diestro?

DON ROSARIO   En absoluto, será un hermoso recuerdo a su memoria. (DIONISIO *la lanza, y la recoge. Una, dos, tres veces, y a la cuarta vez se anima, se anima muchísimo, y empieza a sentirse muy*

contento. Don Rosario está entusiasmado.)
¡Voy a poner la radio, que es la hora de los
pasodobles…! (Don Rosario *sintoniza un
pasodoble en la radio del pasillo y lo pone a
todo volumen. Empieza a jalear con entusias-
mo a* Dionisio. *A cada lanzada al aire no deja
de repetir…* «Olé, olé, olé, olé…».) Olé, olé,
olé, olé, olé, oleeeé, …

(Y *empiezan a surgir muchas más* Voces *de
unos aficionados invisibles.*)

DIONISIO   (*Considerando que ya ha demostrado su inci-
piente destreza.*) Con esta montera reconoz-
co que no se me da mal. Don Rosario, voy
a necesitar, dos monteras más para empezar;
las necesito para sustituir, por lo menos, a los
tres sombreros de copa.

DON ROSARIO   Ahora vamos a hacer otra cosa, don Dionisio…

DIONISIO   ¿El qué?

DON ROSARIO   Se va usted a poner la montera en la cabeza a ver qué tal le queda, porque usted tie-
ne cuerpo y figura de torero…

DIONISIO   ¿Usted cree?

DON ROSARIO   Póngasela.

DIONISIO   Si no es indiscreción, ¿por qué desea tan-
                  to que me ponga la montera?

DON ROSARIO   ¿No lo comprende? Le quiero dar una uti-
                  lidad a esta prenda tan amada de mi
                  abuela, y hacer un homenaje a su novio,
                  corneado y muerto. Y ya que tiene usted esa
                  figura de torero, ¿qué mejor que jugar y
                  brindar con ella a su memoria…?

DIONISIO   Está bien… lo haré por usted.

                  (*Accede de mala gana y se la coloca al bies.*)

DON ROSARIO   No, no, no va así: yo se la pongo…

                  (*Le coloca la montera en su sitio y se la ciñe
                  a la cabeza todo lo que puede. Se escucha el
                  toque de un clarín que anuncia la llegada del
                  siguiente toro a la plaza.*)

DIONISIO   (*De repente, empieza a sentir un miedo
                  atroz.*) No, no, no, no… Por favor, por fa-
                  vor, quíteme la montera de la cabeza.

DON ROSARIO   ¿Pero no sabe usted quitársela solo, hom-
                  bre de dios?

DIONISIO   ¿No ve que no puedo? Ayúdeme a quitárme-
                  la. (DON ROSARIO, *intenta quitársela, pero re-
                  sulta imposible; la montera se ha adherido de
                  tal forma en la cabeza de Dionisio que no hay*

manera de desprenderse de ella. DIONISIO, *aterrorizado, siente realmente que está en una plaza de toros y al escuchar el cambio de tercio sufre, con auténtico pánico, cómo el toro se dirige hacia él.*) ¡Ay, dios mío, que viene!, ¡que viene hacia mí!

DON ROSARIO — Don Dionisio, por dios, céntrese, ¿quién viene?

DIONISIO — ¡El toro! ¿No lo ve? Es el toro, que me ha visto con la montera y se cree que soy un torero y viene hacia a mí.

DON ROSARIO — Pues yo no veo ningún toro, don Dionisio…

DIONISIO — (*Parapetándose detrás de* DON ROSARIO.) No, no, que viene, ¿no lo ve usted?

(DIONISIO *corre por toda la habitación buscando dónde defenderse del morlaco.*)

DON ROSARIO — … Ay, dios mío, ya sé lo que pasa: ¡Es la montera! ¿No se da cuenta? ¡Es la montera que, seguramente, tiene algún filtro emocional del pasado que dejó en ella el novio de mi abuela cuando fue corneado… y se ha trasladado a su cabeza! Hemos querido hacerle un homenaje, y claro, por eso se ha producido el espejismo.

DIONISIO — Pues el homenaje ya está hecho. Quítemela, por favor, quítemela.

(*De forma ininterrumpida se siguen oyendo las* VOCES *de toda una plaza frente a la corrida de toros; unas* VOCES *muy agitadas, y muy, muy controvertidas ya que se escuchan a la vez aplausos, pitidos, broncas.*)

DON ROSARIO   (*Subiéndose a una silla para ubicarse en mejor ángulo para desarrollar más fuerza, y poder desprender la montera de* DIONISIO.) Ayúdeme, estire usted también hacia arriba de la montera…

DIONISIO   (*Se oyen insultos y elogios.*) ¿No lo oye, no lo ve? Hay división de opiniones, la gente está alterada, quíteme ya, por favor, este gorro.

DON ROSARIO   Por favor, respetemos esta prenda sagrada. No es un gorro, es una montera.

(*Entre los dos, por fin, consiguen arrancar la pertinaz montera, y una vez que queda despojada la testa de* DIONISIO, *los ruidos de la plaza desaparecen.* DIONISIO *siente gran alivio y vuelve a la realidad.*)

DIONISIO   Ay, ay. ¡Ya!

DON ROSARIO   ¡Ay, qué susto, madre mía! Menos mal… Don Dionisio, si está usted en condiciones de escucharme ¿Le podría decir una cosa?…

DIONISIO   ¡Dígame!

DON ROSARIO Pues le recuerdo que estamos en Madrid…

DIONISIO Ya sé, don Rosario, que estamos en Madrid…

DON ROSARIO Y le recuerdo que aquí no hay mar…

DIONISIO Es verdad, y tiene usted el mismo nombre que su difunto tío, don Rosario, que era su padrino…

DON ROSARIO Así es.

DIONISIO Y también ha heredado su interés por la hostelería.

DON ROSARIO Naturalmente. Cuando yo era pequeñito, iba a veranear al hotel de mi tío y me fijaba en todo: en los lavabos, en las bañeras, en los grifos, en las cisternas…

DIONISIO Sí, don Rosario, eso ya me lo contó usted el otro día.

DON ROSARIO Disculpe, don Dionisio, ya sé que a veces me repito un poco, es cosa de la edad… ¿Quiere usted echarse en la cama un rato y así le arropo yo con la mantita? Después del susto con el toro tiene usted que estar muy cansado.

DIONISIO ¡Cuando se le mete a usted una cosa entre ceja y ceja…!

DON ROSARIO   (*Molesto.*) Bueno, si a usted no le apetece…

DIONISIO   Venga, arrópeme ya que insiste…

DON ROSARIO   (*Se pone la mar de contento, arropándolo y peinándolo con gran ilusión.*) Bueno, si se empeña, le arroparé. ¿Ve qué bien…? Ya se lo dije el otro día, el cariño no entiende de edades. Pues ahora que ya está usted bien tapado y bien peinado le voy a hacer un caldito con un hueso de jamón que tengo en la fresquera.

DIONISIO   Don Rosario, no se moleste.

DON ROSARIO   Ya le he dicho que tiene usted que descansar…

DIONISIO   ¿Pero por qué todo esto, don Rosario?

DON ROSARIO   Porque se lo merece usted y porque me lo merezco yo, ¿le parece poco? Y ahora ha llegado el momento de poner la radio.

(DON ROSARIO *sale.*)

LOCUTOR   (*Voz en off.*) «…esta bonita canción de Jorge Sepúlveda, para Dionisio, con mucho cariño de quien él ya sabe».

(DIONISIO *da un respingo. Sube el sonido de la canción, «Mirando al mar», respira hondo, y se duerme. En sueños, se incorpora y exclama.*)

DIONISIO   ¡Eres tú...! ¡Sigues siendo tan bella como te recordaba…!

(Y sigue durmiendo.)

Cuadro III.
Los latidos del fonendoscopio.

> *Han pasado unas cuantas jornadas y deben faltar como unos diez días para el comienzo de las Navidades. Entra* Don Rosario *con un trapo y un cubo de cinc, y al ver que* Dionisio *está durmiendo, sigilosamente sale, y vuelve a entrar con un ukelele. Canta* Las mañanitas *y* Dionisio, *al despertar, canta a dúo con él.*

DON ROSARIO ¡Pues nos ha salido aún mejor que el día de su cumpleaños!

DIONISIO (*Muy contento y sorprendido.*) ¡Qué guitarra tan pequeñita!

DON ROSARIO Ni me acordaba de ella. Me la encontré anoche en el armario de la entrada, debajo de la peineta española de doña Paquita, la de las Altas Torres.

DIONISIO (*Feliz como un niño.*) Pues es muy bonita…

DON ROSARIO ¿Verdad que sí? Tan chiquitina… En realidad no es una guitarra, es un… *cuquilili,* o algo así. Me la regaló hace años un huésped procedente de los Estados Unidos de América, en agradecimiento por no cobrarle la habitación… (*Le entrega el ukelele.*) y hoy será su regalo de cumpleaños, con tres días de retraso.

DIONISIO   ¡Pero si ya me regaló el jersey!

DON ROSARIO   (*Fregando el suelo, bromeando.*) ¡Bah, bah, todo es poco para mi Dionisio!

DIONISIO   Muchas gracias, don Rosario, es usted tan generoso…

DON ROSARIO   Por favor, no me diga usted eso que me emociono mucho y me entran ganas de arroparle… (*Llora, emocionado, y sin darse cuenta intenta sonarse con el trapo de fregar. Se sobrepone del susto y continúa fregando.*) ¡Ah! Pues precisamente esta noche he tenido un sueño que parecía futurista. Ya verá. En mi sueño tenía el hostal lleno, lleno de huéspedes de todas partes. Y uno de los huéspedes era un señor de Logroño que era inventor, y este señor de Logroño había venido a Madrid a patentar un invento que era algo así como una bayeta toda rota pinchada en un palo, a la que luego llamarían «Fregona». Y este señor inventor de esta piltrafa pinchada en un palo era… ¡Ingeniero aeronáutico! ¡Los de los aviones! (*Ríen los dos a carcajadas.*) ¡Qué cosas más absurdas ocurren en los sueños…! Pues con lo

mal que tengo las rodillas, qué bien me ven-
dría a mí ahora la piltrafa esa pinchada en
un palo… Y usted, don Dionisio, que está
tan calladito, ¿ha tenido algún sueño inte-
resante esta noche?

DIONISIO   Pues no, que yo recuerde, pero me he encontrado una foto de su querido tío, la tenía en la mesilla.

DON ROSARIO   Ya lo sé, no crea que la he dejado por des-
piste. Tengo muchas copias de la fotogra-
fía de mi tío y retratos de todos los tama-
ños. Me las hizo un fotógrafo, en agradecimiento, por no cobrarle la habitación, y las
he distribuido por todas partes.

DIONISIO   ¿Tanto le echa usted de menos?

DON ROSARIO   ¡Ay, mi tío Rosario! ¡Cómo no voy a echar-
le de menos! Fíjese que yo tuve la suerte de
tener abuelos cuando era un niño. Y, gracias a dios, aún viven mi papá y mi mamá.
Ya están muy ancianitos y no se puede decir
que no los quiera, ¿eh?, que los quiero, y
creo ser un hijo atento… Pero, el sentimien-
to con mi tío Rosario es algo inexplicable.
Toda mi familia tiene celos de mi cariño pós-
tumo hacia él. No entienden que todavía
continúe queriéndolo tanto como lo quiero… Pero, en el corazón no se manda… El
corazón… ¡ay, el corazón tiene sus propios
latidos! Y los latidos de mi corazón siempre

repiten el nombre de mi tío Rosario… ¿Sus latidos no le hablan?

DIONISIO Uy, qué cosas tiene don Rosario… Yo carezco de ese lenguaje cardiovasculante, no sabría interpretarlo. A lo mejor me dirá alguna cosa, algún nombre, pero como yo no sé de desciframientos…

DON ROSARIO ¿A usted le gustaría saberlo?

DIONISIO ¡A ver si va a pasar algo gordo, como con la montera!

DON ROSARIO No se asuste, el aparato que poseo es muy seguro.

DIONISIO ¿Y seguro que podré saberlo?

DON ROSARIO Si usted me deja hacer un intento, lo averiguamos entre los dos…

DIONISIO ¿Se podría?

DON ROSARIO Necesitamos tan sólo un instrumento… No se lo diga a nadie, pero yo lo tengo.

DIONISIO Pero ¿qué es? ¡Me muero de impaciencia, don Rosario!

DON ROSARIO Tranquilo, tranquilo, que se lo voy a decir. Pues es, ni más ni menos…

DIONISIO   ¿El qué, el qué?

DON ROSARIO   Si se impacienta no se lo puedo decir, su rit-
                mo cardíaco tiene que estar muy tranqui-
                lo para que pueda hacer efecto…

DIONISIO   Ya estoy muy tranquilo.

DON ROSARIO   Bueno, a ver si es verdad. Pues es ni más me-
                nos… que ¡un fonendoscopio!

DIONISIO   (*Sin poder disimular la decepción.*) ¡Ah! ¿Era
                eso…?

DON ROSARIO   Pero ¡qué poca fe! Seguro que usted ni ha
                ido a las procesiones de la virgen de su pue-
                blo…

DIONISIO   Pues no… Mi familia… (*Muy confidencial
                y casi con miedo.*) No se lo diga a nadie, por
                favor, (*Bajando la voz.*) es de izquierdas, y
                además atea.

DON ROSARIO   ¡Y eso que tiene que ver!, se puede ser ateo
                y muy, muy de izquierdas, y tener fe en la
                virgen, mira este…

DIONISIO   ¿Pero en qué virgen?

DON ROSARIO   En la que sea, hay muchas. Usted elige una,
                aunque no esté en el santoral, no va uno a
                saberse de memoria cómo se llaman todas;
                le asigna un nombre, el nombre que usted

quiera, y ya tiene, de por vida, la protección de esa virgen exclusivamente para usted. Y ahora, me voy a por el fonendoscopio…

DIONISIO   Déjelo, déjelo, mañana hacemos la exploración…

DON ROSARIO ¡No, Ha de ser ahora! Se le nota en el rostro que su corazón desea comunicarle algo… Y ya que dice usted no tener conocimientos de filología sentimental ni de otros lenguajes cardio palpitantes, necesitamos que un aparato se lo diga…

DIONISIO   No, no, no se moleste…

DON ROSARIO Que no, que no, que no es ninguna molestia.

DIONISIO   ¡Don Rosario, a ver si va a pasar algo raro, como con la montera!

DON ROSARIO Ay, don Dionisio, tendría usted que dejar de ser tan supersticioso.

DIONISIO   Está bien… proceda con lo que crea conveniente…

(DON ROSARIO *sale.*)

DON ROSARIO (*Voz en off.*) Pues lo tengo guardado en este mueble… ¡Ay, dios mío!

DIONISIO   ¿Qué le pasa?

DON ROSARIO   ¡El fonendoscopio, ha desaparecido! (*Entrando.*) ¡Lo tenía guardado en el mueble del pasillo y ya no está! ¡Parece que las cosas se mueven solas! ¿Y ahora dónde lo busco? (*Moviéndose como un autómata.*) ¿Dónde, dónde, dónde?

DIONISIO   Pare, pare, don Rosario. La última vez que me atendió su querido tío, había una bota debajo de la cama...

DON ROSARIO   Ah, claro, ¡Cómo no se me había ocurrido! Es una idea brillantísima... Vamos a mirar debajo...

DIONISIO   (*Agachado, debajo de la cama.*) Don Rosario, ¡aquí hay un trozo de cadena de la cisterna de un retrete!

DON ROSARIO   ¿Lo ve usted? El otro día fui al cuarto de baño y no encontraba la cadena, y ahora aparece aqui. A ver, que más cosas hay debajo... (*Se agacha para mirar debajo de la cama.*) Mire, mire...

DIONISIO   ¡Don Rosario, un cornetín...! (*Asustado.*) ¡El cornetín que usaba su tío para, para...!

DON ROSARIO   Para arrullar a los huéspedes con su dulce música y que así durmieran tranquilitos. ¡Qué alegría, hacía siglos que no veía el cornetín de mi tío Rosario! ¡Lo voy a tocar en su memoria…!

DIONISIO   ¿Es necesario?

DON ROSARIO   ¡Sí, es necesario! Porque si no lo toco, reviento. ¡Échese en la cama un rato que le voy a arrullar un poco! (DIONISIO, *obedece y se tumba en la cama.* DON ROSARIO, *inicia y termina su pequeño y tremendo concierto.*) «Un elefante en el patio», se titula. Es una composición mía, ¿le ha gustado?

DIONISIO   (*Sin saber qué decir, contesta, estupefacto.*) Mucho, me ha gustado mucho.

DON ROSARIO   ¿De verdad? Entonces, a partir de mañana, todas las noches le arrullaré un ratito con esta melodía para que coja el sueño. ¿Qué le parece?

DIONISIO   (*Tras una pausa, horrorizado, casi sin voz.*) Bien, me parece muy bien.

DON ROSARIO   Estoy un poquito desentrenado pero ya le iré cogiendo el tranquillo… ¡Ay, si no fuera por la música esta vida sería muy triste…! ¡Ay, ay, ay, cuántas emociones…! ¡Ay, ay, ay, lo que estoy viendo…!

DIONISIO   Pero ¿qué es lo que ve?

DON ROSARIO   ¡El fonendoscopio!

DIONISIO   Qué suerte… A ver….

DON ROSARIO   Espere, antes hay que quitarle el polvo…

(DON ROSARIO *limpia el aparatito con una bayeta, levantando una espectacular polvareda.*)

DIONISIO   Pero, don Rosario, ¿usted cree que el fonendoscopio va a funcionar?

DON ROSARIO   Naturalmente, don Dionisio. Que esté sucio no significa que esté estropeado.

DIONISIO   En fin, si usted, lo dice… yo me fio de usted y a usted me otorgo.

DON ROSARIO   Entonces, ha llegado la hora de la verdad. Mi querido don Dionisio, siéntese por favor…

DIONISIO   Qué miedo y ansiedad acopio. Cuánta y cuánta responsabilidad, aunque, por una parte, ¡qué oportunidad!, ¿cómo rechazar de ese fonendoscopio, esos latidos pergeñados de sensibilidad? Y, por otra parte, esos latidos, si los oigo. ¡Esos latidos…! ¿Serán mentira o serán verdad?

DON ROSARIO   Pero, don Dionisio, ¿por qué habla usted así?

DIONISIO   Discúlpeme, don Rosario. Pero cuando me pongo nervioso no puedo controlarlo,

y, sin querer, cuando hablo, expulso rimas.
Ya sé que son unas rimas espantosas... pero
los nervios son los nervios...

DON ROSARIO   Uuuuuh... déjese usted de niñerías, don
Dionisio, y ármese de valor, que nos vamos
a poner el fonendoscopio...

DIONISIO   Que sea lo que dios quiera. (DON ROSARIO
*se coloca las olivas del aparato y desabro-
cha la camisa de* DIONISIO.) ¿Es necesario
desabrochar los botones?

DON ROSARIO   Don Dionisio, no es necesario: ¡es impres-
cindible!

(*Una vez desabrochada la camisa, le coloca
la campana en el pecho y comienza a auscul-
tarlo.*)

DIONISIO   ¿Qué se oye?

DON ROSARIO   Chissssss. (DIONISIO *obedece y se calla.*) Pum,
pum... pum, pum... A ver, a ver, a ver...
pum, pum... pum, pum... ¡Eureka! ¡Ya sa-
bemos a quién pertenece su corazón!

DIONISIO   No me asuste... ¿a quién?

DON ROSARIO   Sus latidos dicen: Paula, Paula... Paula,
Paula...

DIONISIO   No, no y no. No puede ser, yo soy viudo. Muy, muy viudo, y mi pobre mujer, Margarita, falleció. Estaba embarazada, y un día dejó, sin querer, la ventana abierta; estornudó e hizo ¡achís!, y se murió. Se murió ella, y se murió el niño que llevaba en sus entrañas… Después, a mí me llevaron a la guerra, me dispararon, creo que por rojo, ¿o acaso por católico?, ¿o por las dos cosas?, ¿o por ninguna? Bueno, sí: yo creo que por pusilánime. Es que los pusilánimes y los insulsos, siempre provocamos mucho odio; y despertamos un instinto asesino, que ya, ya… Pero fallaron y no me mataron… Después me entró una gripe, y tuve fiebre, mucha fiebre, y yo pensaba que haría ¡achís! y que me moriría… Pero, no, continué viviendo. Y como todo era muy triste, quise volver a la pensión cerca del mar… Al hotel, quiero decir (*Se miran sonriendo.*), en donde una noche me sentí alegre… la noche aquella, antes de mi boda con la pobre Margarita… Después, me dijeron que el hotel ya no estaba junto al mar, ni se veía ningún faro, y que se había movido aquí, a Madrid, muy cerca de la Puerta del Sol. Me hablaron muy bien del reloj de La Puerta del Sol, me dijeron que daba mucha compañía. Que era un reloj muy, muy importante; porque daba los cuartos, porque daba las medias y porque daba las enteras… Me decían, también, que, en Madrid, la gente estaba muy contenta…

Aunque, si le digo la verdad, yo mucha alegría no veo por aquí. A lo mejor soy yo quien ha contaminado esta ciudad con mi tristeza, o la tristeza la transportan los transeúntes y me han contaminado a mí, y después la contaminación la expulso yo por la nariz. O a lo mejor quién me está mintiendo es el reloj, que a través del tan, tan, de las campanadas, en vez de emitir sonidos reconfortantes, emite esos ecos tristes… Y aquí me encontré con usted, que es usted igual de afable y de cariñoso que su tío… No, no, los latidos de mi corazón no deben decir Paula, sino Margarita, Margarita…

DON ROSARIO   Me gustaría mentirle y decirle que no es cierto. Fíjese, yo me siento un poco triste porque, ahora que usted sabe que el amor de su vida es la señorita Paula, y que la señorita Paula sigue por ahí, usted abandonará esta casa, y me abandonará a mí y de nuevo el destino volverá a dejarme solo. No se aflija, don Dionisio. Yo, la primera vez que me ausculté con el fonendoscopio, no podía imaginar que mis latidos iban a expresar el nombre de mi tío. Yo pensaba que la persona más importante de mi vida sería mi mamá, y después mi papá, o una novia que quise mucho y que era de Santurce… Pero los latidos no mienten…

(Sale de escena.)

DIONISIO   Han pasado ya veinte años. Yo me olvidé de Paula, y me olvidé de su novio Buby… ¡Pobre Buby! Era de raza negra, pero oiga, era un muchacho de mucha, pero que de mucha raza. (*Entra* DON ROSARIO *con un acordeón.*) ¡Tiene un acordeón!

DON ROSARIO   Me lo encontré el otro día debajo de una de las camas. Los españoles somos tan olvidadizos…

DIONISIO   Pero… ¿y usted lo sabe tocar?

DON ROSARIO   Ah, yo no, no tengo ni idea… pero así estaremos más entretenidos. Siga con su historia, que es muy bonita…

DIONISIO   ¿Por dónde iba?

DON ROSARIO   Que han pasado veinte años.

DIONISIO   ¡Ah, sí! Han pasado ya veinte años (DON ROSARIO *empieza a tocar, inspirado por la historia.*) y yo me olvidé de Paula. Al día siguiente, me casé por la Iglesia, me casé con Margarita y con sus doce lunares. Bueno, en realidad, ¡pobrecilla!, no eran doce lunares, eran doce verrugas… Y entré a formar parte de su familia… El padre de Margarita, don Sacramento, a pesar de que le obedecí y empecé a comer huevos fritos para ser normal y decente… Seguía opinando que yo era un bohemio que intentaba disimular mi origen

43

familiar. Y llevaba razón: en el fondo, algo se notaba. Pero en realidad mis padres eran muy bohemios… Mi padre siempre llegaba tarde a casa. Y no crea que se iba de juerga, ni se emborrachaba, ¡qué va!, sino que, después del trabajo, daba vueltas por la plaza, tanto en otoño como en invierno, pobre, lo hacía para matar el tiempo y para llegar tarde al hogar, y así no estorbaba a mi madre en sus labores, que eran muchas; entre otras, cuidar a los gatos y defenderlos del perro. Nuestro perro era muy buena persona, no vaya usted a creer… Pero cuando se ponía nervioso, ladraba, ladraba mucho… Mi madre era bellísima, y le gustaba pintarse los labios de carmín… y me decía: «hijo, qué le vamos a hacer. Nosotros no vamos nunca a misa los domingos, guárdanos el secreto, que un día tendrás que casarte, y tú no estás hecho para este estilo de vida…». Así pues, una tarde que fui a comprar salchichón, en aquella tienda de ultramarinos, estaba Margarita. Me fijé en ella, o ella se fijó en mí, y muy educada me dijo: «caballero, ¿le importa que le dé un consejo?». «En absoluto, Señorita». «¿Qué consejo desea darme?». «Que cambie usted de embutido». «¿Por qué?». «Porque el salchichón siempre lleva mucha pimienta». Y ahí empezó nuestro noviazgo.

DON ROSARIO   (*Dejando de tocar.*) Es muy conmovedor lo que cuenta, don Dionisio. Pero si su esposa Margarita y sus lunares ya no pueden…

DIONISIO (*Muy compasivo.*) Eran verrugas…

DON ROSARIO Don Dionisio, da igual que fuesen lunares o verrugas… Pero si su difunta esposa ya no puede estar a su lado, tendrá usted que acudir a Paula, por muy doloroso que me resulte que se marche usted de aquí…

DIONISIO (*Con una ilusión casi vehemente.*) No se preocupe, don Rosario, que si llego a encontrarla nos instalaremos aquí, y viviremos felices en su hostal, (DON ROSARIO *se anima a seguir tocando.*) y yo trabajaré en el circo, o en las variedades, y usted tocará el acordeón…

DON ROSARIO ¡Y el cornetín!

DIONISIO ¡Y el *cuquilili*! Y ensayaré con los sombreros, y cuando haya aprendido a manejarme con los sombreros, haré también malabares con anillos, y después con antorchas, y después…

DON ROSARIO (*Dejando de tocar.*) Pare, pare, don Dionisio. Qué todavía no la hemos encontrado… Mire, ahora mismo en el teatro Martín hay una compañía de variedades. Supongo que la señorita Paula no será ya una alegre jovencita, sino que ya se habrá convertido en una serena mujer madura, y no creo que actúe como bella chica del coro, sino como una rigurosa y ejecutante malabarista. Y ahora, con su permiso, voy a la cocina a preparar un caldo, que dentro de poco tenemos que comer. Tenga.

(*Le da un papelito.*)

DIONISIO   ¿Qué es esto?

DON ROSARIO   El teléfono del teatro Martín. Llame, llame y pregunte por ella.

DIONISIO   Pero ¿cómo sabe usted que…?

DON ROSARIO   Usted, llame. (*Se vuelve a oír la música de la verbena.*) ¿Oye usted la música de la verbena?

DIONISIO   Es un buen presagio. No me diga que no es una música alegre…

(*El volumen de la música aumenta.*)

Cuadro IV.
La taquillera premurosa y el estricto funcionario.

> DIONISIO, *muy contento, canturrea mientras marca los números del teléfono.*

TAQUILLERA   (*Voz en off.*) ¿Sí?

DIONISIO   Buenas tardes…

TAQUILLERA   (*Voz en off.*) Buenas tardes, taquilla del teatro Martín. ¿Qué desea?

DIONISIO   (*Un poco despistado.*) Hola, buenas tardes, ¿es ahí el teatro de revistas y variedades del teatro Martín?

TAQUILLERA   (*Voz en off.*) ¡Sí, aquí es!

DIONISIO   O sea, que es ahí el teatro de revistas y variedades del teatro Martín.

TAQUILLERA   (*Voz en off. Que habla entre muy incontenible y medio enfadada.*) ¡Ya le he dicho que sí! Y si no quiere usted entradas, no moleste, porque a lo mejor la función se suspende, que todavía no he vendido ni una repajolera localidad. Esperemos que el fin de semana la gente se anime... Porque los adornos, ¡ay los adornos!, usted ya me entiende: las plumas, los zapatos, las lentejuelas, el cuerpo, bueno, el corsé, vamos, ¡el refajo!, usted, ya me entiende... ¡ah y los sombreros! ¡sobre todo los sombreros!, ¿Usted, que se cree? ¡Todo eso vale un dineral...!

DIONISIO   Claro, señorita taquillera, si es que el público no sabe valorar la cultura, ni ...

TAQUILLERA (*Voz en off.*) Bueno, al grano, al grano, y dígame que desea, que tengo prisa. Tengo que cerrar ahora mismo la taquilla porque me tengo que ir a comer. A ver si encuentro algún señor amable que me invite en el Rastro... Aunque en el Rastro, ya se sabe, allí no hay señores amables, sino viejos verdes que te pellizcan los muslos, y lo peor no es que te pellizquen, sino que te fastidian las medias... ¡Ay qué vida...! Dígame que desea, por favor, y al grano, al grano, que se me hace tarde...

DIONISIO   Yo iba buscando a una señorita que se llama Paula, ¿no estará, por un casual, trabajando ahí?

TAQUILLERA (*Voz en off.*) ¿Paula, Paula, Paula...?

DIONISIO   Sí, sí, Paula; una señorita muy mona.

TAQUILLERA (*Voz en off.*) Pues no sé, no caigo ahora… Aquí todas somos monas, ¿eh?, ¡y muy decentes!

DIONISIO Ya, ya, no era mi intención ofender… Era una chica; muy delgada, con ojos muy grandes, se hacía llamar Paula, Paulita para los amigos…

TAQUILLERA (*Voz en off.*) Uy, uy, uy, ¡qué lío!, pero ¡qué lío, qué lío…! A ver, cómo se lo cuento… Paulita; Paula Iturralde López, se hizo muy famosa en el Norte… Pero cuando la guerra, se metió en muchos líos, pero que en muchísimos líos, y ahora está en la cárcel y se ha convertido en una presa muy peligrosa. Fíjese si es peligrosa, que hasta dicen que está aislada.

DIONISIO ¿Aislada? ¿Pero qué hizo?

TAQUILLERA (*Voz en off.*) ¿Cómo que qué hizo?… ¿Usted, cuando la conoció, no era ya un poco *viva la virgen*?

DIONISIO Bueno… ¡Eso es un infundio!

TAQUILLERA (*Voz en off.*) Nada de infundios. Era una chica muy *viva la virgen*. Pues, imagínese, si ya antes de la guerra era un poco *viva la virgen*, después, en la época de mucha guerra, se convirtió en una *viva la virgen* de tomo y lomo. Insultaba a los señores, pero a todos los señores, ¿eh? Le daba igual de qué barrio fuera el señor. Trataba de igual manera a un señor de Carabanchel que a un señor del barrio de Salamanca. Si es que la pobrecilla nació así: sin luces. Y claro, ahora está en la cárcel. Y ya no le puedo decir más, porque le tengo que colgar, que me voy a comer.

DIONISIO   Un momento, solo un momento, no cuelgue... ¿Tiene usted el teléfono de la cárcel?

TAQUILLERA   (*Voz en off.*) Pero bueno, caballero, usted ¿por quién me ha tomado? ¡Soy taquillera de teatro, no empleada de la telefónica!

(*Cuelga bruscamente. Vuelve a oírse más fuerte la música de una pequeña verbena cercana. Entra* DON ROSARIO *a escena.*)

DON ROSARIO   ¿Qué tal, don Dionisio?

DIONISIO   ¿De dónde ha sacado usted este número, don Rosario?

DON ROSARIO   Verá, yo, de vez en cuando voy al teatro Martín o al teatro Pavón o al teatro Maravillas, a ver las revistas de la Celia. No se lo diga a nadie; pero me estoy haciendo un poco verde. Ya me lo decía mi tío Rosario: «Rosarito, hijo, que eres muy buena persona, pero tiendes a ser un viejo verde». «Pero, tío, –le decía yo– ¡qué tengo veinte años!».

«Nada, nada –me contestaba él– aunque tengas veinte años, tú ya eres un viejo verde». Y claro, un día que fui al teatro Martín, la taquillera…

DIONISIO   Oiga, don Rosario, se me ha ocurrido una cosa…

DON ROSARIO   Dígame, don Dionisio.

DIONISIO   ¿Tiene usted aquí una guía de teléfonos?

DON ROSARIO   ¿Para qué quiere usted una guía de teléfonos?

DIONISIO   ¿Pues para que la voy a querer? Para buscar el número de teléfono de la cárcel.

DON ROSARIO   Anda, pues es verdad. Ahí tiene la guía. Yo voy a vigilar el caldito, que huela a chamusquina…

(*Sale corriendo.*)

DIONISIO   (*Coge la guía de teléfonos que hay sobre su mesilla de noche, y empieza a buscar con verdadero interés.*) Cárcel, cárcel, cárcel, cárcel, aquí está. (Marca un número.) Ay, ¡dios mío, qué nervios!…

FUNCIONARIO   (*Voz en off.*) ¡Dígame!

DIONISIO   ¿Buenas tardes, es ahí el 23 97 98?

FUNCIONARIO   (*Voz en off. Con un tono de muy pocos amigos.*) Naturalmente que es el 23 97 98.

DIONISIO   O sea, que es el 23 97 98...

FUNCIONARIO   (*Voz en off.*) ¡Que sí, ya le he dicho que es el 23 97 98!

DIONISIO   ¿Y es la cárcel?

FUNCIONARIO   (*Voz en off.*) Oiga, ¿usted ha bebido? Ya le he dicho que sí, que es el 23 97 98 y está usted hablando con la cárcel. No estoy para preguntas insulsas...

DIONISIO   Disculpe, disculpe, estoy buscando a una señorita que se llama Paula, y que creo que está presa.

FUNCIONARIO   (*Voz en off.*) ¿Cómo se llama esa señorita?

DIONISIO   Ya le dicho, señor, se llama Paula.

FUNCIONARIO   (*Voz en off.*) Necesito, saber sus apellidos.

DIONISIO   Ahora mismo no me acuerdo... sé qué hace veinte años era una joven muy mona... Pero hace mucho tiempo que no la veo, y ahora solo sé que se llama Paula.

FUNCIONARIO   (*Voz en off.*) Pues hay que saberse los apellidos... Los apellidos son indispensables.

Indispensables para la partida de nacimiento, indispensables para el bautismo, indispensables para hacer la primera comunión, indispensables para hacer el servicio militar, indispensables para poder casarse, indispensables para tener hijos, indispensables para morirse: ¡indispensables! Espero que no vuelva a suceder... y como usted no sabe quién soy, le diré que voy a ser magnánimo, y le diré que aquí hay una presa que se llama Paula. Paula Iturralde.

DIONISIO Eso es: Iturralde, qué memoria, si me lo había dicho la señorita taquillera... Muy agradecido. Almas como la suya, son indispensables y justo las que necesita en este momento la patria, señor funcionario.

FUNCIONARIO (*Voz en off.*) Así me gusta; que sea usted disciplinado.

DIONISIO Muchas gracias. ¿Entonces, puede ponerse?

FUNCIONARIO (*Voz en off.*) Le he dicho que está y que le dejaré el recado, pero en ningún momento le he dicho que pueda ponerse ¿Cuál es su número?

DIONISIO Don Rosario, ¿Cuál es el número de este teléfono?

DON ROSARIO (*Voz en off.*) ¡28 10 45!

DIONISIO   28 10 45.

FUNCIONARIO   (*Voz en off.*) Espero que este número de te-
                  léfono proceda de una casa decente, porque
                  usted no sabe con quién está hablando, se-
                  ñor mío...

DIONISIO   Muchas gracias, y qué le voy a decir, ¡pues
                  que soy su seguro servidor que estrecha su
                  mano! (*Cuelga el auricular y se pone muy
                  contento.*) ¡Por fin tenemos una pista!... ¡A
                  ver si para cuando salga conseguimos
                  esos tres sombreros de copa y nos pode-
                  mos ganar la vida juntos! ¿Pero qué le pasa
                  don Rosario?

DON ROSARIO   (*Lloriqueando un poquito.*) ¡Pues qué me va
                  a pasar! Que, si usted se va de aquí, otra vez
                  me quedaré más solito que la una...

Cuadro V.
El carrusel de las ilusiones.

Han pasado unos días, queda muy poco para Nochebuena. Es primera hora de la tarde y DIONISIO *está tocando el ukelele.*

DON ROSARIO   ¡Don Dionisio, mire, mire por la ventana! ¿Qué ve?

DIONISIO   Mucho, mucho frío.

DON ROSARIO   Don Dionisio! El frío no se ve, el frío se siente o no se siente.

DIONISIO   Pues eso, siento mucho frío al ver como pasea la gente tan abrigada.

DON ROSARIO   Me está haciendo trampa. ¡Recórcholis!

DIONISIO   ¡Pero es que no sé qué quiere usted que mire!

DON ROSARIO   Pues lo que realmente se ve…

DIONISIO   ¿Y qué se ve?

DON ROSARIO   Pues ya lo sabe, un tiovivo, y unos niños montados disfrutando de dar vueltas...

DIONISIO   Pero eso ya lo he visto muchas veces a lo largo del día...

DON ROSARIO   Pero le estoy pidiendo que vuelva usted a mirar.

DIONISIO   ¿Y por qué tengo que volver a mirar?

DON ROSARIO   ¿Quiere usted hacerme el favor de venir, y dejar ya ese *cuquilili*, que lleva todo el santo día con el *cuquilili*?

DIONISIO   ¡Un cóndor en mi habitación!

DON ROSARIO   ¿Qué?

DIONISIO   Es una composición mía, ¿le gusta?

DON ROSARIO   Mucho. El alumno ha superado al maestro. ¡Pero yo le estoy pidiendo que mire por el balcón!

DIONISIO   Está bien, ya miro, en qué me tengo que fijar...

DON ROSARIO   En aquel niño. El que está montado en el caballito blanco y tiene cara de susto.

DIONISIO   Sí, sí, ya lo veo, ¿Qué le pasa?

DON ROSARIO   ¿A quién le recuerda?

DIONISIO   Ay, ay, ¡ay, dios mío... si soy yo!

DON ROSARIO   Se ha dado cuenta, ¿verdad?

DIONISIO   Pero ¿por qué sabe que soy yo?

DON ROSARIO   Porque el otro día dejó usted unas fotos encima de la mesilla...

DIONISIO   Esas fotos están guardadas en mi cartera y usted, ay, ay, ay, ¡ay, dios mío! Usted ha registrado mis documentos...

(Busca la cartera y saca las fotos.)

DON ROSARIO   No se ponga usted así...

DIONISIO   ¿Qué no me ponga así? Don Rosario, eso no se hace...

DON ROSARIO   Déjese de ofensas, lo importante es ese niño...

DIONISIO   Es cierto, y no es que se parezca a mí: es que ¡soy yo! ¡Y ahora que me doy cuenta, esa misma verbena, la que está instalada abajo, es exacta, exacta a la que yo recuerdo, hace más de cuarenta años, en el mismo paisaje de Cervera de Pisuerga...!

DON ROSARIO ¿Y quién le hizo estas fotografías, don Dionisio?

DIONISIO Mi papá, tenía una máquina con trípode, de las antiguas…

DON ROSARIO (*Mirando la fotografía.*) Es asombroso, mismo abriguito, el mismo flequillito…

DIONISIO Y la misma cara de susto.

DON ROSARIO Es cierto, ¡Qué cosa más rara, más extraña y misteriosa…!

DIONISIO Quiero bajar ahora mismo… Tengo que saludar a ese niño…

DON ROSARIO Baje, baje, yo le observo desde el balcón…

DIONISIO Vuelvo enseguida, don Rosario.

(DIONISIO *sale hacia la calle.* DON ROSARIO, *recoge y pone orden en la habitación, mientras desde el exterior sube un poco más el volumen de la música de la pequeña verbena.* DON ROSARIO, *se acerca al balcón.*)

DON ROSARIO ¡Don Dionisioooo!

DIONISIO (*Voz en off.*) Síííí

DON ROSARIO ¡Ahí le echo unos caramelos para que se los de usted al niño…!

DIONISIO	(*Voz en off.*) Don Rosario nos ha dado estos caramelos ¿Cómo tenemos que decir?
NIÑO	(*Voz en off.*) Muchas gracias, don Rosario….
DON ROSARIO	(*Gritando.*) Pregúntele como se llama…
DIONISIO	(*Voz en off.*) Me dice don Rosario que pregunte tu nombre…
NIÑO	(*Voz en off.*) Me llamo Dionisio…
DIONISIO	(*Muy conmocionado.*) Don Rosario, ¡el niño lleva mi nombre…!
DON ROSARIO	Pregúntele como se llaman sus papás…
DIONISIO	Esas preguntas son muy peligrosas, no me atrevo…
DON ROSARIO	Usted ha bajado para preguntar, venza el miedo y pregunte, pregunte…
DIONISIO	¿Cómo se llaman tus papás?
NIÑO	(*Voz en off.*) Mi mamá, Jerónima; y mi papá, Miguel.
DIONISIO	(*Voz en off.*) ¿Don Rosario, ha oído usted?
DON ROSARIO	Sí, don Dionisio…

DIONISIO   (*Voz en off.*) Ay, qué mareo, ay, qué mareo, que me mareo, que me mareo, que me mareo…

DON ROSARIO No se preocupe, bajo a por usted… (*La música de los caballitos vuelve a subir de volumen.*) Bajo, don Dionisio… Ay, dios mío, ay, dios mío.

Cuadro VI.
La amistad al borde del epílogo.

> *Un rato después, aunque no mucho tiempo.*
> DIONISIO *está tumbado en la cama, lleva un*
> *gorrito de dormir y un pijama antiguo. Sen-*
> *tado a los pies de la misma está cuidándolo*
> DON ROSARIO, *que le quita el termómetro de*
> *la boca.*

DON ROSARIO   Nada, solo ha sido un susto, no tiene usted
nada de fiebre. Yo creo que mañana ya po-
dría levantarse.

DIONISIO   Me tiene usted que explicar lo del mareo,
que no me acuerdo…

DON ROSARIO   Estaba usted hablando con el niño, pregun-
tándole cosas, y de pronto dijo usted: «ay,
qué mareo, ay, qué mareo», y se mareó.

DIONISIO   Recuerdo que me mareé… Pero, don Rosario, no había ninguna verbena, ni había
ningún niño que estuviese subido en los
caballitos…

DON ROSARIO   Pero don Dionisio, si la verbena la vemos
desde su balcón…

DIONISIO   Es cierto que la verbena la vemos desde
                  aquí, y es cierto, que vemos a ese niño, que
                  parece un hermanito gemelo mío. Pero, si
                  usted baja, comprobará que la panorámica
                  que vemos desde este balcón desaparece
                  cuando nos acercamos allí. Ahí abajo no he
                  hablado con nadie, y ese niño que percibo
                  desde aquí, no está, ni está esa pequeña ver-
                  bena, ni existe ese tiovivo. No me vuelva us-
                  ted loco, don Rosario…

DON ROSARIO   Don Dionisio, no sea cruel conmigo que le
                  estoy ayudando mucho…

DIONISIO   Siento que se lo tome usted tan mal. Y por
                  favor, tenga cuidado, córcholis, que me está
                  usted haciendo daño en un juanete.

DON ROSARIO   Todo le molesta, todo le inquieta, todo le
                  pone nervioso, yo ya no sé qué hacer. No
                  le cobro la habitación, le hago calditos de
                  gallina sin gallina, le echo un poco de sal
                  a las galletas para que parezcan pan, le hago
                  labores de punto de colores alegres, le re-
                  galo un *cuquilili*, le dedico canciones radio-
                  fónicamente para que esté más contento, y
                  usted se queja y se queja. Don Dionisio, por
                  favor, que estamos en fechas navideñas, dis-
                  tribuyamos un poco de paz y de amor…

DIONISIO   Disculpe, don Rosario, es que yo no ten-
                  go amor, y si no tengo amor, no puedo dar

ni amor ni paz. Hizo usted muy mal con acogerme, ahora comprueba usted que soy un desagradecido. Usted, debería echarme de aquí. Usted, debería echarme de su vida. Yo no sirvo, no he servido nunca para nada. Don Rosario, ¿por qué me ha abierto las puertas de su hostal y de su corazón?

DON ROSARIO   Porque usted es buena persona y porque mi tío le tenía mucho cariño. Él ya sabía que, en el fondo, usted era viudo y que siempre ha tenido cara de solitario.

DIONISIO   Yo no entiendo nada, don Rosario. Usted me habla y me habla, me arropa, me peina, me pone el termómetro, se sienta en mi cama encima de mis pies, me hace ver cosas por la ventana que luego no existen ¿Por qué veo yo cosas que no existen?

DON ROSARIO   Yo también las veo, don Dionisio.

DIONISIO   ¿Pero, por qué hemos de ver esas cosas que no ocurren?

DON ROSARIO   Sí ocurren, don Dionisio. La imaginación existe. Tenemos frío, hemos pasado una guerra, tenemos un poco de hambre y estamos muy solitos ¿Pero acaso el niño que estaba subido en esos caballitos no era usted?

DIONISIO   Quizás.

DON ROSARIO   Pues la imaginación existe, como existen los recuerdos. Todo eso existe, como la misma realidad.

DIONISIO   Pero esos caballitos estaban en Cervera de Pisuerga hace cuarenta años.

DON ROSARIO   Pues ahora, usted, los está viendo aquí.

DIONISIO   Lo siento, don Rosario, tengo que, con todo mi dolor, expresarle una declaración de intenciones… (DON ROSARIO *lo mira fijamente, levantando un poco la ceja.*) No me mire usted así, ¡caramba! Tengo que dejarle dos cosas muy claras. Primero: yo no soy nada bueno. Si he de robar, robo. Si he matar, mato. Eso lo aprendí muy bien en el frente.

DON ROSARIO   Cálcese, cariño mío; cálcese, que va usted a coger frío…

DIONISIO   … (*Mientras se pone los zapatos.*) Y segundo: yo no estoy loco. Seguramente con el único interés de retenerme aquí, lo más probable es que en esos calditos, en esos vasitos de leche, que tan cariñosamente me ofrece, habrá puesto alguna sustancia para hacerme creer lo que a usted se le antoje.

DON ROSARIO   Pero ¡cómo se atreve a decirme eso y a tratarme así! ¡Con la alegría que me dio al verlo entrar por esa puerta! ¡Con el cariño que le tenía aún antes de conocerlo y así me responde…!

(*Rompe a llorar desconsoladamente.* DIONISIO *se arrepiente de lo dicho, y se acerca para consolarlo.*)

DIONISIO   ¡Vaya por dios! Ahora rompe usted a llorar…

DON ROSARIO   ¡No, no se le ocurra consolarme! ¡Váyase ahora mismo de mi hostal, recoja sus cosas y márchese! (*Entre sollozos, lágrimas, hipos y pataditas desesperadas, golpea en el suelo.*) Ha roto usted nuestra confianza, nuestra amistad… (*Se dirige a su acordeón y le habla cariñosamente.*) Menos mal que te tengo a ti, tú no me vas a maltratar ni a zarandear, ¿verdad? Dentro de muy poco será Nochebuena, y este año la pasaremos los dos juntitos, y estaremos muy contentos, ya verás… cantaremos y bailaremos… ya verás qué bien…

(DIONISIO, *sintiéndose muy culpable, se viste, hace la maleta y recoge sus cosas. mientras* DON ROSARIO *toca villancicos con el acordeón para consolarse.*)

DIONISIO   (*Una vez que ha terminado de recoger sus pertenencias.*) Me iré en busca de mis tres sombreros, me tendré que ganar la vida…

(Se va lentamente, mientras que DON ROSA-
RIO, *que sigue tocando el acordeón, llora, llora y llora.)*

Cuadro VII.
*La amistad a salvo y el mágico reencuentro
con la señorita Paula.*

Son las once de la mañana del día 22 de diciembre. Por la radio transmiten el sorteo de la lotería. Don Rosario, *limpia y limpia el polvo con un plumero mientras* Dionisio *saca su ropa de la maleta.*

Dionisio   Don Rosario...

Don Rosario   *(En un gruñido sordo.)* Ummm…

Dionisio   Le he dejado unos bombones que he comprado en una tienda de la calle Arenal…

Don Rosario   *(Emitiendo exactamente el mismo gruñido anterior.)* Ummm…

Dionisio   Son de licor…

Don Rosario   Ya.

Dionisio   Y algunos tienen una avellana dentro.

Don Rosario   Vamos a ver, don Dionisio, que yo haya sido condescendiente y le haya permitido entrar de nuevo en mis aposentos, no significa que haya aceptado del todo sus disculpas, todavía estoy dolido.

DIONISIO (*Muy sumiso.*) Está bien, pero sepa que los bombones siguen ahí.

DON ROSARIO (*Muy digno.*) Ya veremos si los acepto.

DIONISIO Está bien…

DON ROSARIO Y ahora, con su permiso, voy a la cocina. Si necesita realmente algo, puede usted tocar el timbre.

DIONISIO Don Rosario, no se moleste si le digo que no hay timbre…

DON ROSARIO Ah, entonces puede usted imitar el sonido, hace usted: rin, rin, rin, rin y asunto resuelto. Así de fácil.

DIONISIO Si fuéramos franceses no sería tan fácil. Tendríamos que hacer jin, jin,jin jin…

DON ROSARIO *Oui, Monsieur.* Pero lo nuestro es el rin rin. Rin, rin, rin, rin, yo me remendaba yo me remendé, yo me eché un remiendo yo me lo quité. Felices Pascuas.

(DON ROSARIO *sale. Se oye de nuevo la música de la verbena, y* DIONISIO *mira por la ventana.*)

DIONISIO   (*Poniéndose las manos en la boca para emi-
             tir el sonido onomatopéyico lo mejor que sabe.*)
             ¡Rin, rin, rin, rin…! (*Como* DON ROSARIO *no
             lo oye, se atreve a llamarlo por su nombre.*)
             ¡Don Rosario, don Rosario! Por favor,
             ¡don Rosario!

DON ROSARIO (*Desde otra estancia.*) ¿Qué desea? Estoy
             muy ocupado…

DIONISIO   Venga, por favor. (*Como no acaba de apare-
             cer insiste y lo reclama con urgencia.*) Se lo
             ruego, se lo suplico, venga, por favor. (*Ya
             con suprema desesperación.*) Don Rosario,
             venga, por favor, o me tendré que morir.

DON ROSARIO (*Intentado disimular cierta victoria.*) Com-
             pruebo que ahora me necesita.

DIONISIO   (*Arrodillándose.*) Discúlpeme, discúlpeme,
             se lo ruego…

DON ROSARIO Levántese, por favor.

DIONISIO   ¡Ay, don Rosario! (*Abrazándolo y dándole be-
             sos de una forma compulsiva*) ¡Ay, don Ro-
             sario!.

DON ROSARIO Vamos, vamos, tranquilícese usted, que no
             es para tanto… ¿qué le pasa?

DIONISIO   ¿Que qué me pasa? Mire, mire usted por el
             balcón.

DON ROSARIO   A ver… (*Se acerca con mucha curiosidad.*) *Pues allí está otra vez* ese niño, montado en los caballitos, con su cara de susto…

DIONISIO   ¿Y quién está cerca del niño? ¿Quién está allí esperándolo para llevarlo de la mano?

                 (DIONISIO *va a por unos prismáticos guardados en una de las mesillas.*)

DON ROSARIO   Sí, hay una muchacha joven, que, no sé por qué, con el frio que hace, va muy desabrigada, pero está pendiente de la criatura.

DIONISIO   ¿No se ha dado cuenta de quién es? Es la señorita Paula, don Rosario.

DON ROSARIO   ¿La señorita Paula?… ¡Anda! ¿y esos prismáticos?

DIONISIO   Me los encontré el otro día debajo de una de las camas.

DON ROSARIO   ¿Ha estado usted fisgando debajo de mis camas? Eso está muy feo…

                 (*Tras una breve y acalorada pelea, reprochándose los dos a la vez, de pronto…*)

DIONISIO   Déjese usted de ofensas, que lo importante es el niño…

DON ROSARIO   Tiene razón. A ver ese chisme (*Le arreba-ta los prismáticos y se pone a mirar.*) Pues es verdad, hay una muchacha muy mona. Lleva un sombrerito verde. Y un vestido muy ligero haciendo juego, sin mangas y con gran escote, la pobre, con el frío que hace y tan veraniega… Y sí, está muy pendiente del niño…

DIONISIO   ¿Ve cómo es ella?

DON ROSARIO   Lo que ocurre, don Dionisio, es que yo a la señorita Paula no tuve ocasión de conocerla. Yo vivía en Bilbao, con los abuelitos, pero casi todas las chicas de las variedades eran muy parecidas; vestidas de falso organdí y bisutería muy aparente. Ah, y la ropa interior de fantasía, de mucha fantasía.

DIONISIO   Voy a bajar a saludarla…

DON ROSARIO   Pues yo le aconsejaría que no lo hiciera porque le puede pasar lo que le pasó con ese niño y con ese carrusel…

DIONISIO   Pero ¿y si luego es al revés? Que el carrusel y el niño ese del flequillito, con cara de susto, fuese real, y mirase hacia este balcón y este balcón no existiera… Porque puede suceder lo contrario de lo que ha ocurrido antes…

Don Rosario	Pues baje usted, don Dionisio… baje a ver qué ocurre… Pero ya le digo que esa señorita, la conozca yo o no, esté en la verbena o no, esa señorita, le aseguro que no va a querer nada de usted.
Dionisio	No le acabo de entender, don Rosario. Por un lado, me ayuda en todas las ilusiones, y por otro, me las chafa sin piedad.
Don Rosario	Don Dionisio, yo, se lo digo…
Dionisio	No me diga usted que es por mi bien…
Don Rosario	(*Un poco molesto.*) Pues sí, es por su bien.
Dionisio	De todas formas, voy a bajar. Puede ser que la señorita Paula sea solo una ilusión, pero a lo mejor esa ilusión me ofrece algún dato para llevarme a esa realidad esperada. Bajo a hablar con ella…
Don Rosario	Baje, baje, y tenga.
Dionisio	¿Qué me da?
Don Rosario	Caramelos, prefiero dárselos en mano que tirárselos por la ventana…
Dionisio	Gracias, don Rosario, gracias.

(*Sale a la calle y* Don Rosario *se queda mirando por el balcón a través de los prismáticos.*)

Cuadro VIII.
La llamada telefónica de la señorita Paula
y los olvidados somberos son recuperados.

> *Cuarenta minutos después.* DIONISIO, *entra en*
> *su habitación.* DON ROSARIO *está dentro, es-*
> *perándolo.*

DON ROSARIO   ¿Cómo le ha ido? Yo le he visto a usted muy
emocionado con la señorita Paula.

DIONISIO   (*Que porta un paquete envuelto en papel de*
periódico y atado de mala manera.) ¿De verdad don Rosario que nos ha visto a los dos
juntos?

DON ROSARIO   Naturalmente.

DIONISIO   Pues yo no he estado con ella.

DON ROSARIO   ¿Con quién ha estado usted entonces?

DIONISIO   Con un policía muy antipático que me ha
dado este paquete. Lo dejaré debajo de la
cama. Luego lo abriré o lo tiraré a la basu-
ra, ¡me lo ha entregado con tal desprecio…!
Don Rosario, ahora lo veo muy claro: el tiovivo que vemos por esta ventana no está en
esta plaza del Carmen sino en otra más le-
jos; en una plaza de Cervera de Pisuerga…

Don Rosario … Provincia de Palencia…

Dionisio …. y está muy lejana también en el tiempo… Más de cuarenta años…

(*De pronto suena el timbre del teléfono.*)

Don Rosario ¡El teléfono, por fin! ¡Será un nuevo cliente! Voy a la centralita… (*Sale de escena y lo oímos claramente.*) ¿Sí, dígame?

Funcionario (*Voz en off.*) Buenas tardes, ¿es el 28 10 45?

Don Rosario Sí, aquí es, hostal Fuenterrabía, trato familiar y buena compañía, dígame.

Funcionario (*Voz en off.*) No se retire. La presa núm. 105 desea hablarle…

Don Rosario Don Dionisio, coja el auricular de su habitación, es la señorita Paula.

Dionisio ¿La señorita Paula?

Don Rosario Sí, sí, la señorita Paula, la auténtica, la actual, la que está metida en la cárcel…

Paula (*Voz en off.*) Hola, buenas tardes, soy Paula, ¿quién es usted?

Dionisio Paula, Paula, querida Paula, soy yo, Dionisio, Dionisio.

PAULA   (*Voz en off.*) Discúlpeme, pero yo no le re-
                cuerdo ahora mismo…

DIONISIO   Fue una noche, antes de casarme, en el nor-
                te de España, en una pensión de Santander…

DON ROSARIO   ¡Que no era una pensión, que era un hotel…!

DIONISIO   Eso, un hotel, cerca del mar y de un faro. Us-
                ted era artista de circo y de variedades, y te-
                nía usted un novio que se llamaba Buby y
                era negro…

PAULA   (*Voz en off.*) A veces recuerdo a Buby, ¿qué
                habrá sido de él? Aunque no era de África,
                se fue a África. Necesitaba entenderse con
                la gente, y él lo achacaba a que tenía que
                buscar gente de su color.

DIONISIO   (*Muy desesperado.*) ¡Paula, Paula, que soy
                Dionisio!

PAULA   (Voz en off.) Disculpe, usted caballero, pero
                no lo recuerdo. Han existido muchos hom-
                bres en mi vida, por lo menos uno por cada
                día de la semana. A lo mejor, con ese nom-
                bre, Dionisio, alguno habré conocido. Ya que
                he conocido a señores de Santander, seño-
                res de Murcia, señores de Cáceres, señores
                de Salamanca, señores de la Mancha, seño-
                res de Chinchón, provincia de Madrid, y se-
                ñores de la misma ciudad de Madrid. He

conocido a señores de todas partes, señor mío. Ahora, estoy en la cárcel, y como estoy presa, aquí no hay señores: aquí hay funcionarios. Tienen su carácter y todo, ¡no vaya usted a creer!

DIONISIO   ¡Paula, Paula!

PAULA   (*Voz en off.*) Ya no soy Paula, ahora soy la presa Iturralde número 105. Una mujer mayor, con ojeras, con pechos y posaderas caídas, y muy, muy pálida.

DIONISIO   Debería usted salir de ahí.

PAULA   (*Voz en off.*) Pero oiga, ¿con qué autoridad me da usted ningún consejo? No quiero salir. Hago muchas burradas en la cárcel para que me retengan más tiempo. Si salgo a la calle, no tengo ni para carne, ni para pescado, ni puedo comprar colorete ni disimular la palidez, ¿Es usted rico?

DIONISIO   No, Paula, mi mujer Margarita era rica, pero como a su familia no le gustaban los bohemios, no me dejaron herencia, y como el niño que llevaba en sus entrañas también murió con ella, estoy solo y sin dinero.

PAULA   (*Voz en off.*) Si estuviera usted preso, estaría algo más acompañado, como yo.

DIONISIO   ¿A usted la tratan bien ahí?

PAULA   (*Voz en off.*) Me tratan fatal, pero estoy
             acompañada. Si estuviera por la calle, aho-
             ra mismo me estarían persiguiendo, y en-
             cima sin comer y sin dormir.

DIONISIO   Yo, si quiere, un día voy a visitarla.

PAULA   (*Voz en off.*) No, no, por favor se lo ruego.
             Yo ya soy carne de presidio, no soy un cuer-
             po de espectáculo. He tenido mucho gus-
             to en conocerle ¡Lástima que yo no me
             acuerde de usted!, pero si usted dice que se
             acuerda de mí, recuérdeme con una sonri-
             sa… No, con una sonrisa, no, recuérdeme
             con una carcajada.

DIONISIO   ¡Si usted lo desea intentaré liberarla de la
             cárcel!

PAULA   (*Voz en off.*) Ni se lo ocurra, ¿qué haría yo
             fuera de la cárcel? Estar ahora mismo en la
             calle sería otra cárcel mucho más dura; y en-
             cima no tendría una litera donde dormir, ni
             nadie que te echase la bronca. Y ahora, lo
             siento, le tengo que dejar.

DIONISIO   Señorita Paula, se lo ruego… Tendría usted
             por ahí unos sombreros de copa, ¿se acuer-
             da? Necesitaría trabajar…

PAULA   (*Voz en off.*) ¡Qué coincidencia! Esta maña-
             na se los he dado a un policía que me ha di-
             cho: «Un compañero tiene que hacer una

ronda por la calle, se los regalaremos al primer bohemio que encontremos». Yo ya no los tengo. Los han empaquetado.

FUNCIONARIO (*Voz en off. Muy determinante.*) Presa 105, ya está bien.

(*Cuelga con vehemencia y queda sonando el conocido pitidito reiterativo.* DIONISIO *queda absorto.*)

DON ROSARIO (*Entrando.*) Don Dionisio, reaccione, hombre, reaccione…

DIONISIO Don Rosario, de nada ha servido el fonendoscopio…

DON ROSARIO Sí ha servido… Anímese. El fonendoscopio nos ha dicho que el amor de su vida es la señorita Paula, pero eso no significa que para la señorita Paula lo sea usted. Mi tío Rosario murió, y la señorita Paula no saldrá de la cárcel. No los volveremos a ver más, pero no por eso dejan de ser los seres más especiales que hemos conocido.

DIONISIO (*Absorto.*) ¿Usted cree?

DON ROSARIO ¿Por qué no abre el paquete que le ha entregado el policía?

DIONISIO Don Rosario, me da miedo abrir ese paquete… Puede ser una bomba que nos explote, o una broma carcelaria, pesada y humillante. A lo mejor se ha difundido que mi familia ha sido muy bohemia. O a lo peor es una cabeza cortada de algún asesinato del que quieran acusarme y no tengan pruebas...

DON ROSARIO   ¿Pero usted ha matado alguna vez a alguien?

DIONISIO   Nunca, don Rosario. Era un farol cuando le decía que, si tengo que robar, robo, o si tengo que matar, mato. Enfadarme, sí. Usted, ya me conoce, a veces puedo tener muy malas pulgas; pero matar, ni con el pensamiento... ¡Con lo mal que lo pasé yo en la guerra!

DON ROSARIO   Vamos a abrir el paquete, y que sea lo que dios quiera...

DIONISIO   Está bien, vamos a ello... (*Pone el paquete sobre la cama y empiezan a abrirlo entre los dos. Nerviosos y aturullados, descubren sorprendidos los tres sombreros de copa encajados en un solo bloque. Entusiasmado.*) Uno, dos y tres sombreros, y no están rotos...

DON ROSARIO   (*Muy sorprendido.*) ¡Huelen a... amoramihura!

DIONISIO   ¿Amoramihura...? ¿Y eso qué es?

DON ROSARIO   Amoramihura. Aunque lo busque en el diccionario, no lo va a encontrar. Es un perfume, una esencia misteriosa, medio triste medio alegre, impregnada de una nostalgia dulce y melancólica que te nubla los ojos…

DIONISIO   ¡Pues están como nuevos…! La señorita Paula los ha mantenido intactos durante estos años… ¡Esto sí que es mágico! Podré aprender malabares con ellos, y también con anillas, y después… (DON ROSARIO *va a decir algo, pero* DIONISIO *se lo impide.*) Schhhh. Don Rosario, ya no puedo con el peso de tanta y tanta espantosa realidad. Necesitamos vivir, reír, soñar… ¿No dice usted que siempre ha sido un viejo verde? Pues iremos juntos a los teatros de revista: al Martín, al Pavón, al Maravillas y veremos a las señoritas con lentejuelas, con sus piernas de vértigo, y nos invitarán a subir al escenario, y yo entonces, aprovecharé para sacar los tres sombreros de copa y los tiraré a lo alto, y estaré en medio del escenario con todas ellas…Y nos llevaremos a todos esos señores espectadores forasteros que hayan venido a Madrid a ver las revistas, a su hostal, y haremos una fiesta, y yo tocaré el *cuquilili* y usted el acordeón…

DON ROSARIO   ¡Y el cornetín!

DIONISIO   Y todo volverá a ser igual que en el hotel de su tío don Rosario, junto al mar…

DON ROSARIO   Don Dionisio, qué suerte ha sido para mí encontrarle… Lástima que la señorita Paula…

DIONISIO   La señorita Paula nos ha dejado lo mejor. Al final ese policía tan desagradable nos ha hecho el mejor regalo ¿Dónde va usted?

DON ROSARIO   ¿Dónde voy a ir? A poner la radio… (*Sintoniza la radio que emite, el bolero «Por el camino verde». Muy cortés, muy ceremonioso, muy decidido.*) Don Dionisio, ¿me puede usted conceder este baile?

DIONISIO   Es un poco arriesgado, don Rosario, ¿qué van a pensar de nosotros?

DON ROSARIO   Que piensen la verdad, que somos un par de chiflados solitarios y que este baile es nuestro.

(*Sube el volumen de la música y bailan juntos.*)

Fin.

Esta primera edición de *Los sombreros olvidados*,
de Fernando de las Heras, terminó de imprimirse
en septiembre de dos mil veinticuatro,
en Madrid.